Memorias

Memorias

Maria Perry

Número de Control de la Biblioteca del Congreso de EE. UU.: 2013911374
ISBN: Tapa Blanda   978-1-4633-6061-0
     Libro Electrónico   978-1-4633-6060-3

Para realizar pedidos de este libro, contacte con:
Palibrio LLC
1663 Liberty Drive
Suite 200
Bloomington, IN 47403
Gratis desde EE. UU. al 877.407.5847
Gratis desde México al 01.800.288.2243
Gratis desde España al 900.866.949
Desde otro país al +1.812.671.9757
Fax: 01.812.355.1576
ventas@palibrio.com
476165

Dedicatoria

Este libro es dedicado a la memoria de mis padres primeramente pues gracias a ellos estoy aquí. Ellos fueron el camino que me concedió venir a esta vida. Hubiera querido decírselos cuando estaban vivos, pero ahora es un pensamiento. Seguido el orden está el padre jesuita Manolo, quien fue para mí como un padre y siempre me inspiró con sus palabras de seguir adelante y el sí, tú todo lo puedes! Después está mi hermano Jorge, mártir de la Guerra del 79, quien con su testimonio sencillo y su ejemplo de buen hermano fue también un mentor y una figura paterna para mí y el resto de mis hermanos. Alguien quien no pudimos comprender en su tiempo, y alguien quien ahora reconocemos fue verdaderamente un regalo de Dios para nosotros. Finalmente la figura espiritual del pastor de la congregación donde me convertí al cristianismo, camino que marcaría el rumbo de mi vida y después dos personas que estuvieron en mi pensamiento de mi tiempo de estudiante en Sofía, donde perecieron de una manera accidental y misteriosa, dejando sus vidas truncadas en la flor de su juventud, ellos fueron Irene, la cantante del conservatorio y Bashir, el estudiante nigeriano quien pereció cuando fue a despedir a un amigo a la estación de trenes. Descansen en paz. Las próximas personas en mi lista son: Doraldina, compañera de juegos quien a su corta edad de cuatro años tuvo que presenciar la muerte después de haber sido abusada y golpeada por su padre, Mario Somoza, uno de mis primeros enamorados, quien pereció de muerte pasional en Miami y quien siempre estuvo enamorado de mí. Mario fué militar de las fuerzas armadas de Nicaragua e hijo ilegítimo de uno de los Somoza, cadete y buzo de la fuerza aérea nicaraguense. Que Dios misericordioso te haya recibido en su seno y perdona los desdenes que te hice en vida. El último a quien conocí, profesor de la academia artística donde estudie: Profesor Atanas Bojkov, quien me defendió cuando me expulsaron de la academia, y el profesor guía de mi Tesis y Diploma, Dr. Atanacov, quien personalmente me envió flores a mi cuarto cuando estaba el proceso de acusación de la embajada en contra mía. Descanse en paz. También quiero honrar la memoria del artista Kiril Kamenov a quien tuve el privilegio de conocer en su casa y de quien conservaré las mejores memorias, como un gran humanista y un buen ejemplo de ser humano.

Vivimos en Estelí hasta que yo tenía 12 años cuando nos trasladamos a Managua, donde mi mamá ya se había marchado antes que nosotros y había comenzado su costura. Nosotros, mi hermano y hermana mayor y hermanita de dos años nos habíamos quedado solos.

Recuerdo la vida en aquella casa grande, amplia de varios cuartos, de ladrillos rojos grandes y brillantes, de amplio patio y fondo, de frente enladrillado en mosaicos. Recuerdo como si fuera hoy cuando mi mamá mandó a enladrillar todo el frente, que era muy largo.

Recuerdo cuando nos sentábamos en aquella acera por las tardes por pequeños momentos, cuando otros niños llegaban a jugar. En mi país entonces y todavía, los niños se congregan en puntos y allí se ponen a jugar libremente.

Regularmente, nosotros no estábamos permitidos andar visitando a nadie, solo cuando nos llegaban a buscar con solicitación, de la casa del médico, o de la casa del pintor, mamá nos dejaba ir. El resto del tiempo jugábamos en la casa.

Una vez que mamá se marchó para la capital, no pudimos ir a ninguna parte, pues teníamos que cuidar a mi hermanita pequeña. Coralia lloraba por las noches su parranda interminable. Mi hermano Leonel se turnaba junto con mi hermana Gioconda, meciéndola en aquella silla casi toda la noche. A mí me daba mucha pena, pues sabía que lo que quería, era estar en brazos de mi mamá. No pasó mucho tiempo, sin que mamá llegara a llevársela, y también a mí.

Mi hermano Jorge, que en paz descanse, llegaba junto con mamá cuando venían de Managua, la capital. Recuerdo que para nosotros era una ocasión muy buena, pues nos traían provisiones, ropa, y su presencia. Mi hermano Jorge era serio, respetuoso, abnegado, en fin, tenía muchas buenas cualidades reunidas, a pesar de su funesto destino en su corta vida aquí en la tierra. Recuerdo tantas veces caminando con él por las calles de Estelí, siempre cuando había gestiones relacionadas con mi escuela u otras cosas, él era quien me llevaba. Jorge fue para mí el padre que nunca tuve. Jorge era amable, solícito y presto a mis necesidades. Jamás le ví enojado, a excepción de un par de veces, cuando le provoqué extremadamente. Había una sonrisa peculiar en la cara de Jorge, una disposición de ayudarle a quienquiera que lo necesitara.

Recuerdo la semana de saqueos en Nicaragua, sus pocos días de vida estaban entonces contados. Estábamos en Guerra. El barrio nuestro era el que albergaba brigadas de revolucionarios, insurgentes. Yo les permití quedarse a ellos y sus armas, que escondieron bajo la cama de Jorge unas y otras, en un hoyo que hicieron bajo la misma en la casita de Jorge.

Por aquel entonces, yo simpatizaba con los Sandinistas y estaba dispuesta a hacer cualquier cosa por la causa. Estaba yo en la Universidad, en mi tercer año de Trabajo Social y esa fué la época en que se desató la Guerra en Nicaragua contra Somoza. El resto de la familia iba a la iglesia, yo me había separado por razones políticas. Mi mamá y demás hermanos se habían marchado a casa de mi hermana Gioconda en Villa San Jacinto. Recuerdo la mañana que se marcharon y se llevaron a Jessie. Irineo, Gioconda y la pequeñita salieron marchando con las cosas a pie, por el sendero de atrás, pues no había transporte. Antes que el barrio fuera completamente bloqueado y compuesto en barricadas, mucha gente se fué. Avisaron por el aire, que se fueran. Recuerdo la noche en que se construyeron las barricadas, toda la gente cooperando con los revolucionarios, arrancando adoquines y poniéndolos en muro, haciendo hoyos para atrincherar revolucionarios. Recuerdo la noche en que fuí a comprar caramelos para tenerlos de pasatiempo en caso que las cosas se pusieran malas. Fuí con Jorge a comprarlos. Jorge siempre estaba dispuesto para todo. Luego que se marchó mamá y no me quise ir con ella, se quedó Jorge conmigo, él en su casita y yo sola en la casa. Recuerdo que una niña cuyo nombre ya no recuerdo, se quedó una noche conmigo, cuando ya estábamos en queda, no había luz, no se podía cocinar, había encuentros de tarde y noche entre guerrilla y guardias. Yo en el cuarto debajo de un colchón leía "días de infancia" de Máximo Gorki, para pasar parte de las horas en tinieblas. La llegada de la tarde era una total decepción, era como si se esperaba a un monstruo que venía y nadie podía hacer nada por evitarlo. Nadie hablaba, estábamos todos como zombis esperando la muerte, porque eso era lo que traía la caída de la tarde, bombardeos, ráfagas, metrallas. Era la hora del baile de la muerte bajo las balas, el chiflido de cachinflines, el fiero gemido de cohetes asesinos lanzados por marines sanguinarios, entrenados a matar civiles y todo lo que se movía y no se moviese. Era la hora en que la muerte reclamaba su botín, la vida de jóvenes, niños e inocentes que no tenían ni querían nada que ver con esta guerra; jóvenes que se habían dado cuenta hacía rato de que Nicaragua no tenía futuro, de que para ellos no había planes de un mañana si no de muerte y hambre solamente en la dictadura represiva de Somoza, jóvenes que querían ver un cambio y una nueva oportunidad para ellos y sus familias, aun así les costara sus vidas, entre ellos, estaba también yo y la organización de estudiantes de la universidad, todos los que odiábamos y repudiábamos el sistema. Habíamos aprendido tanto de la represión somocista, del hambre, de la necesidad, de la falta de oportunidades en Nicaragua, y de las clases de nuestros profesores de ciencia política, de filosofía, de economía, etc. etc.

Había resaltado por mis excelentes calificaciones en la clase de Teoría social y el profesor confiaba en mi a tal extremo que un día después de un examen final de Teoría social, me llamó junto a su asiento y me dió los exámenes de los que acabábamos de hacer y me dijo: tu ponles el grado, confío que lo harás bien. Así lo hice y solo yo logré pasarlo, entonces él me dijo: te tengo que bajar de grado para poder aprobar el resto de la clase! que arreglo!

Ese año en la Universidad había sido bien traqueteado, Las huelgas eran constantes, el transporte era interrumpido muchas veces, los buses eran quemados, boicoteados, etc., etc., el ambiente en que nos movíamos era muy incierto. Las concentraciones en el auditorio eran constantes, las canciones de protesta eran algo de la vida diaria. Recuerdo que yo había comenzado un periódico en la escuela de Trabajo social y parte del editorial era político y de protesta. Había yo participado en la reunión de León, donde se pedía el "Cien por ciento para la Unan" Se habían recogido 100 mil firmas, y muchos de los que formaban el personal docente, participaron y fueron, entre ellos, estaba también William Lao, a quien había yo conocido en las reuniones de los representantes de la Universidad, el como consejo académico, y yo como estudiante representando la escuela de trabajo social. Estuve en vuelta en política a nivel de Universidad, a raíz del triunfo de la revolución, al mismo tiempo que estaba involucrada a nivel de juventud Sandinista y de barrio, tenia tres responsabilidades que demandaban de mi tiempo y dedicación completa. Tenía que estar en reuniones constantes, en la universidad, en el barrio, en lugares importantes. Recuerdo que prácticamente llegaba a la casa solo a dormir y eso por pocas horas o llegaba solo a cambiarme de ropa y a salir de nuevo.

Canción:

> Escucha yo vengo a cantar
> Por aquellos que cayeron,
> No digo nombre ni señas,
> Solo digo compañero,[1]

La época (un año) que trabajé en héroes y mártires me cansó mucho. Trabajaba ocho horas y después me iba a la Universidad a estudiar. Era muy duro. En la Universidad tuvimos que dar la posición de liderazgo a otras caras deseosas de continuar, una de ellas fué Santis Suárez, otra la doctora Penske Torres. Cuando trabajamos en héroes y mártires, teníamos chofer que nos recogía y nos llevaba, recuerdo cuando el hombre ese se quiso pasar de fresco conmigo.

Recuerdo la vez que el programa organizó una actividad de reconciliación con los Somoza y les entregó ropa a todos los niños de los Somoza en el estadio, donde toda la guardia iba a estar presente. Habíamos estado empacando por varias noches y estaba cansadísima. Se decía que en el estadio iba a estar toda la guardia de Somoza y todo el ejército Sandinista y de que se esperaba un enfrentamiento, pero no sucedió. Recuerdo que la noche de la actividad estaba tan cansada que me fuí a dormir, y no me desperté cuando la cama donde yo dormía agarró fuego. Gracias a Dios que mi mamá se despertó y me despertó porque ya el pelo me iba a agarrar fuego. No era mi hora todavía.

---

[1]   Sólo digo compañeros por Daniel Viglietti.

Dejé héroes y mártires para integrarme a la cruzada Nacional de alfabetización con la Universidad. Fué una experiencia muy grande y bonita. Héroes y Mártires me había ofrecido un viaje a Cuba que postpuse hasta el final de la cruzada. Durante cruzada, nos mandarían a un entrenamiento exclusivo, a los cuadros, Yo fuí un cuadro, pues se me asignó la posición de Técnico de distrito, con responsabilidad de supervisar el progreso de ocho regiones, casi la tercera parte de barrios y zonas de Managua, incluyendo el mercado, llamado "zona roja "incluía, Las jaguitas, Sabana Grande, zonas rurales de la carretera norte que no recuerdo, Esquipulas, barrios como Waspan, Santa rosa, etc. Me tocaba reunirme con los responsables por zona, para discutir los problemas relacionados con el progreso de la cruzada y apoyo logístico (distribución de materiales). El trabajo era intenso. Conocí mucha gente durante este proceso. La reunión inicial de entrenamiento fué en un monasterio de Casa Colorada bien retirado y vigilado por compas. Estudiábamos las 20 horas del día pues el material era intenso. Pasamos muy bien el tiempo, e hice allí varios enamorados que llegaban a serenatearnos cuando nos acostábamos. Julio se había enamorado locamente de mí, hasta el punto que se emborrachaba y casi lloraba como un niño.

Recuerdo de que Julio me regaló una Magnum automática, no recuerdo si era 38 o 45 el calibre, para protegerme me dijo cuando me fui a la cruzada. Íbamos con una mochila militar, botas de montaña, y las cosas que necesitaríamos durante esos días. No recuerdo como lavábamos la ropa, pero si recuerdo que dormíamos en barracas y nos cocinaban comida. Recuerdo a Rita y su manera peculiar de hablar. Después del entrenamiento nos asignaron a nuestras regiones, vestíamos el uniforme de la cruzada, muchas veces llevaba un sombrero y fué una labor muy intensa. Visitaba también el Mercado y recuerdo no haber tenido problemas allí. Toda la gente que me encontré nos trató con respeto, si no admiración. Recuerdo el rigor de cantar al comenzar cada reunión, el himno nacional y el himno de la cruzada, cada vez que había reunión, cada vez que concluíamos.

> Avancemos, brigadistas,
> Guerrilleros de la alfabetización,
> Tu machete es la cartilla
> Para descartar d un tajo, la ignorancia y el error.[2]

Los zonales se reunieron y dieron una fiesta para mi despedida con motivo de mi viaje a Cuba y despedida del programa.

Canción

> Ahhh aahhh bandido, a bandolero,
> Moncada le decía a Sandino bandolero y Sandino
> nunca tuvo propiedades,
> Moncada le llamaba bandido en los banquetes y
> Sandino en la montaña no tenia pan...[3]

---

[2] Himno de la Cruzada Nacional De Alfabetización por Carlos Mejía Godoy.
[3] La hora cero por Pancasán.

Mi viaje a Cuba marcó la pauta para un nuevo surco en mi vida, que había de cambiarla por completo. Viajé a Cuba con un grupo de lisiados de Guerra que iban a la clínica donde se les operaría o haría otras intervenciones que necesitaban. Estuvimos en una clínica de la cuarenta avenida en la Habana, un área aristocrática de embajadas y residencial. La clínica era una casa que otrora había servido de mansión del régimen de Batista. Se decía que en esa casa había espíritus por los asesinatos allí cometidos en la terraza. Había allí muchos pasos de escaleras secretas. Una vez fuí a explorar por curiosidad y me dió temor. En la clínica estábamos en calidad de militares por lo tanto nadie podía salir, excepto domingos en la tarde. Yo me escapé varias veces par air al concierto de Silvio Rodríguez. No recuerdo cómo, pero viajamos con el cantante en el bus y yo visité su casa. No sé si fuí yo la que lo invitó pues recuerdo ir junto a él hablando con él y estar en su casa. (Este fue el otro Rodríguez, no el que cantó en el teatro) el que era ciego. Cuando iba para Cuba, tuve la oportunidad de compartir asiento con el viceministro de Educación de Cuba, Raúl Ferrer, a quien había anteriormente conocido en la cruzada en una de las reuniones con todos los maestros. Raúl Ferrer estaba detrás del proyecto de la cruzada, y nosotros éramos los cuadros impulsando el programa. Raúl me dió sus números y me prometió visitarme, así lo hizo, y me llevó a su casa, así como al departamento de geografía de la Universidad, donde me regalaron un mapa.

Entre las personas que fueron con nosotros, iban algunos que fueron verdaderos héroes de la revolución, como Armando, el joven que peleando perdió sus dos piernas y recuerdo como sufría con la instalación de sus dos prótesis. Otro perdió un brazo, otro un ojo, había hasta niños que necesitaban intervenciones quirúrgicas de cosmética, y otras operaciones de reemplazo de piel como la que necesitaba Marquesa. Marquesa era una niña de 15 años que había sido charneleada por bomba en toda su cara y necesitaba cirugía reconstructiva... Recuerdo cuando viajábamos en grupo a lugares como Soria, Pinar del rio, ciudad Sandino, las granjas en el campo, etc. Todo lo que Fidel había hecho en Cuba era excelente, todo su progreso económico, especialmente los logros en educación gratuita y salud al alcance de todos, era magnífico, digno de admirar.

Me hicieron mi primera prótesis artificial en Cuba, y desafortunadamente el técnico que estaba a mi servicio se enamoró perdidamente de mí, e intencionalmente dejó mi trabajo de último para demorar mi estadía y eso causó que regresara muy tarde a registrarme a la Universidad y perdí en esa oportunidad el chance de registrarme. El tiempo que estuve en Cuba desconectada de todo, me hizo no darme cuenta de que alguien me hubiera registrado, o si hubiera hablado con el responsable del consejo académico, William, hubiera logrado terminar mi carrera a tiempo. No pude concluir mi carrera de trabajo Social debido al constante cambio de las cosas. Ahora que había regresado de Cuba mi deseo era de regresar de Nuevo. No quise esperar otro semestre para enrolarme en la Universidad de Nuevo. Me enrolé inmediatamente en el grupo de estudiantes que querían irse al bloque socialista a comenzar otra carrera, así hice. En ese momento no medité sobre las cosas, ni siquiera de que estaba saliendo con William Lao y me estaba enamorando de él. Estaba picada por irme al bloque socialista, y así hice. Había firmado para irme a Alemania, pero me cambiaron a Bulgaria.

El viaje a Bulgaria

Tenía veinte años y con los acontecimientos en Nicaragua y la situación política que yo vivía, el tiempo pasaba aceleradamente. Nunca me sentí en realidad ser joven, aunque para mí la vida apenas comenzaba. Había tenido a estas alturas, una participación activa en varios aspectos de la vida política de la revolución, había sido líder a nivel de Juventud, a nivel académico en la Universidad, había trabajado tiempo completo, estudiando al mismo tiempo, había desempeñado un cargo de liderazgo con la actividad de la cruzada, y ahora después de mi viaje a Cuba sin haber podido enrolarme de nuevo en le Universidad, me sentí en el aire. No estaba dispuesta a perder el tiempo ni una semana más, quería regresar a Cuba, pero no se dió, así que el viaje a un país socialista fue lo que se me vino a mano. En ese momento no pensé en las consecuencias de cambiar el rumbo de mi vida por completo y con ello, la de mi familia. Si hoy estuviera en la misma situación y pudiera volver el tiempo atrás, me hubiera quedado en Nicaragua. Aunque me agradaba la compañía de William, me atraía más la idea de hacer algo grande o nuevo por el país, relacionado con la revolución, no pensé que William tampoco dejara su principal tarea por otras cosas. Recuerdo el día de la toma de juramento junto con todos los otros jóvenes en el predio de la universidad, prometiendo ser los mejores estudiantes, para regresar a servir al país. Hoy me doy cuenta de que nadie cumplió con ese epíteto, y de que haber dejado a mi madre sola fue algo que nunca me perdonaré, cuando más, haberme separado por siempre de William. Fui a varias reuniones en la Universidad para hacernos saber algunas cosas en cuanto al viaje y el tiempo en los países socialistas. Prepárense para un clima de cuatro estaciones y con invierno de nieve y temperatura pronunciada, se nos dijo. Me preparé lo mejor que pude. Mi mamá empezó a hacerme ropa con modelos que yo misma sugerí. Llevaba muchas cosas, incluyendo libros de la nueva historia de Nicaragua, matemáticas, etc. (después se los regalaría a Dian, junto con mi sombrero de palma) Llevaba mi uniforme de la cruzada, mi sombrero, y un traje típico de Nicaragua que yo mandé a hacer, también llevaba música típica de Nicaragua, de Pancasán y de Carlos Mejía Godoy. Recuerdo cuando fuí con mi madre a comprar los long pleyes al mercado. Me fascinaba la música de Carlos Mejía Godoy y la de Pancasán. Era música de protesta y durante los primeros años de la revolución, se jugaba constantemente en los radios. No sé particularmente que significó la revolución para mi mamá, pero sé de qué ella me apoyó en todo lo que hice, y respetó mis decisiones, de todas maneras, todo mi trabajo y labor era para el bien de la comunidad. Tenía veinte años y había hecho muchas cosas, participado en tantos proyectos, que no conocía otra vida diferente de la que yo llevaba, que no fuera estudiar duro, ser un líder, un emprendedor y estar siempre ocupada. Uno de mis últimos esfuerzos, antes de dejar la cruzada, fué el de pedir y rescatar un predio para una escuela en el Barrio Santa rosa, que con la colaboración y en conjunto con la maestro Dona Elda, fue posible. La gestión fue concedida, y la Escuela "Ché Guevara" fue finalmente inaugurada cuando yo estaba en Cuba. Nunca seguí de cerca los acontecimientos alrededor de esta escuela pues dejé el país después de mi regreso de Cuba, y después subsecuentemente, pero en uno de mis viajes de visita años atrás, al hablar con La maestro Doña Elda, supe de que con la caída del gobierno Sandinista, le cambiaron el nombre a la escuela. Hablábamos entonces con doña Elda de que pelear por el nombre original requeriría de mucho dinero para pagar abogados, pero creo que será necesario hacerlo. Cuando estuve en Cuba, me dieron una foto original de Ché Guevara y la dí a dona Elda para que se guardase en la escuela.

Ché Guevara

Aprendimos a quererte, desde la histórica altura,
Donde el sol de tu bravura, le puso cerco a la muerte.
Así se quedó la clara,
La entrañable transparencia, de tu querida presencia.[4]

Siempre que se hace una historia,
Se habla de un Viejo, de un niño, de si,
Pero mi historia es distinta,
No voy a hablarles de un hombre común.[5]

---

[4]   Che Guevara por Isodoro Calzada Macho.
[5]   Canción del elegido por Silvio Rodriguez.

Mi viaje a Cuba fué uno de mis primeros viajes, y un viaje que impactó mi vida en aquel entonces. El gobierno de Nicaragua, especialmente la revolución encabezada por el frente Sandinista en aquel entonces, tenía lazos estrechos con el gobierno de Fidel Castro. Nosotros fuimos recibidos en calidad de héroes cuando fuimos a Cuba, donde íbamos todo era especial y recibimiento como si fuéramos el presidente o un enviado súper especial. Éramos invitados a asistir las actividades del Instituto cubano de amistad con los pueblos, donde iban celebridades extranjeras, como presidentes, delegados especiales, artistas, y todo el que iba a Cuba por gestiones importantes. Las celebraciones del Icap eran parrandas notorias, especiales, de mucha música, y bebidas cubanas. Conocí en el Icap al poeta cubano que hizo "Juan sin nadie" (Nicolás guillen), quien me hizo un poema y me habló de Rubén Darío. Conocí en el Icap al presidente de Angola en aquel entonces, Agustino neto, quien personalmente me dijo que era bienvenida en su país, siempre que deseara ir. Cuba me impresionó mucho, especialmente su sistema de salud, su hospital impecable con servicio gratuito a todos. Me impresionó mucho de que sus médicos se sentaban a la cama a la orilla de los pacientes a hablar con ellos como si fueran dos iguales, me impresionó ver a los médicos con ropa barata, e inclusive con hoyos. Eso me dijo que ellos estaban ocupándose de lo más esencial, de darle salud a todo el que lo necesitara. Me impresionó de que, Cuba siendo tan pequeña, hiciera tanto por muchos otros países, de que Cuba mandara muchos especialistas a otros países, técnicos y militares a servir y muchos, hasta a morir por algo a lo que Fidel Llamaba: Internacionalismo Proletario".

De mi tiempo vivido en Cuba, aunque fué casi un año, y vivía en un lugar separado de la gente, común, me relacioné con varias familias, y del partido y no del partido. Comprendí que la situación de Cuba era una situación especial, debido a su posición geográfica y a su proximidad a los Estados Unidos, y por ende, los efectos del bloqueo, a pesar de ello, Fidel hizo una tarea magnífica de mantenerse a pesar de los obstáculos de echar a andar una economía en contra de un bloqueo, a pesar de todo, pudo dar salud gratuita al alcance de todos, y comida a todos aunque en forma austera, y educación gratuita a todos, además de vivienda. Creo que si los que critican a un régimen analizaran todas las condiciones de una manera objetiva, algunas conclusiones positivas serán encontradas. No trato de justificar mi simpatización con el régimen socialista, que creo es más justo para el bienestar de la gente, pero las acciones políticas represivas de cualquier gobierno, aplicadas en contra de sus oponentes, son siempre injustas. No estoy de acuerdo en que una persona tenga que ser torturada por sus ideas políticas, o afiliaciones, y de que la libertad de expresión es algo muy preciado, inherente al derecho de todo ser humano, libertades que Rosseau y otros grandes pensadores en la historia, afirmaron y defendieron hasta la muerte. En otras palabras un gobierno para que sea grande, tiene que dar cabida a la democracia y las ideas democráticas de sus oponentes, tienen que ser respetadas, o deja de ser democracia.

El helado del copelia, era muy delicioso, pero particularmente me embrujó el efecto mágico de sus playas, especialmente Guanabao y Santa María, donde iba los fines de semana. Soroa, fué un encanto que me gustaría revisitar.

A pesar de que no estuve en Cuba ni un año, me fuí llorando el día que me tocó irme. Nunca pude regresar.

Viaje a Bulgaria:

Llevaba dos maletas llenas a capacidad, una mochila en el hombro, cosas en la mano (libros), un sombrero y me fuí de muleta, pues el viaje duraría dos días completos. Haríamos parada en Cuba y después directo hasta Irlanda, y después Moscú. El día que me fuí, William me fué a dejar al aeropuerto, pero como él siempre estaba apurado, solo me dejó en el aeropuerto. Mi madre y demás estuvieron un par de horas, pero se fueron porque la estadía en el aeropuerto se demoró unas horas. Doña Elda también llegó a despedirme, así como el resto de mis hermanos. Mi hermano Efraím en ese entonces todavía pertenecía al ejército Sandinista, en calidad de jefe de la marina. Recuerdo el día que salí de la casa, mi madre pasando por el corredor que lleva al baño, con una mirada lóbrega, sombría, casi como en un estado de zombis, como presintiendo malas cosas. Pasé a dar una vuelta junto con William bajo el palo de mango, donde solíamos reunirnos a platicar y a besuquearnos por no decir otra cosa, cuando llegaba a visitarme. Le dijimos adiós al lugar y procedimos marcha al aeropuerto.

No recuerdo si Aeroflot llego a traernos hasta Managua, o de si lo abordamos en Cuba. El viaje fué algo muy animado, pues el avión, nuestra compañía iba llena de jóvenes deseosos de nuevas aventuras. Cuando paramos en Cuba, llamé a uno de mis amigos cuando estuve atrás en Cuba, pero él no se encontraba. No recuerdo si llamé a Frank Valido (el técnico que me hizo la prótesis) Una vez recibí una carta de cuando estaba en Bulgaria. De Cuba a la Unión soviética, el viaje duró muchas horas, toda la tarde, y la noche. Llegamos a Moscú bien de noche y había un concierto musical en el aeropuerto. Nos sirvieron jamón helado con peas y vino a esa hora de la noche. Las comidas en esos países son completamente diferentes. Recuerdo las bromas de los jóvenes a bordo, pues los soviéticos eran altos, y serios. El chequeo por el paso de aduana fué muy minucioso, y los soviéticos en época del leninismo, eran súper cautelosos. Chequearon toda la información, pasaporte por pasaporte. Mi pasaporte era "Oficial", pasaporte que solo cuerpo diplomático podía tenerlo. En Moscú nos asignaron hotel, siempre dentro del aeropuerto, y nos sorprendió de que las sábanas tenían hoyos en medio, pero como iba una alemana con nosotros, ella armó la sabana y puso la colcha dentro, que así es como se usan en esos países que hay tanto frio. Yo llevaba dos abrigos, pues mi hermano viajaba a muchos países. Llevaba dos maletas nuevas, una que me dió mi hermano, la otra me la dió William. Recuerdo como la tristeza me atacó en aquel hotel y por primera vez, a solas conmigo misma, me ataqué llorando de tristeza por mi viaje y pensando sobre todo en William. La alemana me dijo que no hubiera hecho eso, que si yo hacía tantas cosas en Nicaragua, y quería a William, de que me hubiera quedado allá.

De Moscú, Bulgaria estaba a eso de una hora de camino o menos. Moscú, estaba prácticamente junto a Bulgaria, con frontera en Turquía. Llegamos a Bulgaria de día, casi entrando la tarde. Recuerdo cuando nos fueron a esperar al aeropuerto, el delegado de la embajada y los estudiantes que fueron a esperarnos, Loyda a la cabeza (estudiante de medicina).

Los edificios eran casi todos los mismos, y había mucha ropa por los balcones. Edificios altos, con una estructura urbana bien planificada. Más tarde me daría cuenta de que Bulgaria tenía más significado histórico por su arquitectura antigua, más valor del que podía parecer. Estábamos a mediados de Septiembre y eso significaba que el otoño estaba entrando en la primera fase de su rigor. El día y parte de la tarde era moderado, pero al caer de la tarde, se venía un frio muy helado, que se refugiaba en las masivas construcciones de piedra y cemento pesado. Me habría de acostumbrar después tanto a este tipo de vida, que hubiera preferido nunca dejarlo, a su cultura, su sistema y gente. Con el grupo de estudiantes, iba un búlgaro, que como amigo de Loyda, se ofreció a ser el traductor temporario del grupo, Dian."Dian era alto, fornido, simpático, bien parecido, su pelo era rubio trigueño, sus labios eran pequeños, sus mejillas estaban rosadas por el frio de los búlgaros netos, y Dian hablaba español. Dian se enamoraría de mi más adelante y en todo ese primer año en Bulgaria, él fué mi ayuda gratuita disponible para todo. Dian pues nos llevó a donde viviríamos, y pidió para mí como gestión especial debido a mi condición, vivir en el Bulevard Lenin, del bloque tres, mismo lugar donde se daban las clases de Búlgaro y otras preparatorias del primer año para los que iban a entrar a la Universidad. Olvidaba decir de que estuvimos en una clínica por una semana, yo no recuerdo haberlo estado, pero recuerdo de que teníamos que entregar una muestra de heces fecales y de orina para ser analizadas, por si traíamos parásitos. El bloque tres era un lugar especial, con sus cuatro pisos al estilo antiguo, muy masivo, con sus esculturas alrededor, sus amplias arboledas, y sus baños colectivos a la entrada del pasillo. Por supuesto, los inodoros, eran en el suelo, al estilo de los edificios antes de la segunda Guerra. Me acostumbré a esa situación, hoy no me imagino cómo. Lo bueno del edificio del bloque tres era de que el Pliska quedaba a unos pasos a pie, así como de la cafetería del Pliska, la farmacia, y otros magazines, al que se iba caminando, la pasarela del subterráneo para cruzar la calle (debajo de la calle donde se bajaba y después se subía. Los transeúntes no cruzaban calle, excepto en lugares donde no había subterráneo. (El Puente de Orlobia most no tenía, creo). El bloque tres era un lugar precioso en época de primavera, pues se resembraban los rosales que florecían al final de la primavera y estaban por todo el verano. El boulevard Lenin era notorio por sus magníficos Rosales. Recuerdo con que pasión toda los días las calles eran limpiadas, lavadas, y los rosales cuidados constantemente por estaciones. Los europeos, en este caso los búlgaros eran gente muy limpia, quiero decir su gobierno se dedicaba mucho a la limpieza de calles. Esa primera semana en Sofía me fuí acostumbrando a sus comidas, sobre todo eso olor a uvas, néctar de peras, compotas, queso, pan, cerezas, y frutas de la temporada. Los baños particularmente eran peculiares, como no los he visto en ninguna otra parte. El sistema de plomería de los países europeos sobre todo socialistas, era muy eficiente. Recuerdo que todos los pisos de baño eran de granito, el chorro de la ducha era a presión intensa, asimismo los tiles, donde los había. Los bloques modernos, tenían su toilette en cada cuarto, junto con su baño. En cada cuarto había lugar para tres estudiantes, tres camas, tres escritorios, dos estantes para libros grandes, y tres closets. Tuve la suerte de vivir solo con una persona y eso para que me ayudara, según dijo el búlgaro, me pusieron con Sonia, una costarricense. Las dos ocupábamos el espacio de aquel cuarto con ventanales intensos hacia afuera. El closet era grande. Durante los primeros meses en Sofía, Dian hizo todas las gestiones necesarias para enrolarme en la academia de artes. Al comienzo no se sabía si iba a escoger medicina. De Nicaragua venia destinada a estudiar telecomunicaciones, pero una vez en Bulgaria, me di cuenta de que eso no me llamaba la atención. Dian hizo los cambios, nos llevó al ministerio de educación, nos aprobaron el estipendio para comprar ropa y comida y Dian nos enseñó las tiendas, nos enseñó a usar el transporte, nos llevó a muchos lugares. Conocimos el centro de Sofía, el parque de las águilas, de donde Dian me cortó muchas rosas rojas. El parque de las águilas, llamado"Orlobia most" era un lugar particularmente bello. Ese lugar, del tamaño de una ciudad entera en Nicaragua, era un parque lleno de diferentes rincones naturales, donde las familias llegaban los fines de semana a patinar, canoa, andar en bicicletas, y hacer otras diversiones. Se vendían cosas allí y también había conciertos de música clásica. La vegetación y rosales en ese parque eran excelentes. Había en ese parque un Puente, creo que de allí se derivaba su nombre. Había también esculturas famosas. Había al cruzar del boulevard, una cafetería muy acogedora, donde se vendían pastas búlgaras, café, vanitza, kiflas, etc. el centro de Sofía era muy lindo, había partes modernas, muy atrayentes, con cafeterías al estilo europeo moderno, y eran sus calles de piedra al estilo bizantino, que era muy particular. Caminar por esas calles cuando comenzaba a nevar requería habilidad especial. Teniendo en cuenta de que todas las búlgaras usaban botas de tacones altos, esto no representaba peligro para ellas, pero era todo un arte caminar por esas calles sin romperse los dientes. Admito de que nunca me caí por allí a pesar de que hube pasado tantas veces por allí.

Particularmente recuerdo el Zum, edificio de compras con varios pisos, muy masivo y grande, donde iban miles de personas. Siempre que quería buenos zapatos, iba al zum. Recuerdo haber llevado un par de botas rusas que compre en el Zum. Había allí zapatos de todo el bloque socialista, especialmente la Unión soviética. Los zapatos rusos eran buenos y bonitos También los checos y húngaros eran muy Buenos. La industria puma estaba cn boga entonces.

El primer término mientras viviendo en aquel bloque, era todo un descubrimiento. Me gustaba ir de compras por los magazines del alrededor, caminando. Las tiendas eran una junto a la otra, todas con su masiva construcción de concreto, tipo turco, y los ventanales rusos decorados con su típica cortina de seda blanca. Era típico de los búlgaros saludar amablemente, a la entrada de las tiendas. Recuerdo de que madres con carruaje de niño, los dejaban en la puerta de la tienda, sin ningún problema. Del magazine comprábamos confiteur (preserves), pan, queso de cabra, kicelo mliako, cascabel, salami, eso no faltaba. Para tomar había schweps de diferentes sabores, jugos néctar naturales, compotas de todo tipo de frutas, y leche. Los vegetales (Tzelentchutzi) los vendían aparte en lugares establecidos aparte para ello, igual que la fruta, pues Bulgaria era productor numero uno de frutas y vegetales, y era el suplidor de la unión soviética y países aledaños de tales productos. Recuerdo que las colas eran largas de búlgaros esperando antes de que abrieran el lugar siempre. Los búlgaros eran adictos a comprar bolsas de chiltomas, celeri, "manganos", repollo, tomates, y otras cosas, pues preservaban muchos de estos productos antes del invierno. De chiltoma se vendía un producto muy sabroso, de pasta que se le ponía al pan y era muy delicioso. Los búlgaros tenían chocolate búlgaro y ruso, y se vendía ampliamente. También el lokumi búlgaro y ruso era famoso y se consumía abundantemente con té. El pan se vendía mucho, pues los búlgaros comían mucho pan con pasta de tomate y kiselo mliako. El pan se llevaba debajo del brazo, era costumbre. Había camino a las tiendas cerca del bulevard Lenin una o dos estaciones de billutería, donde se vendía todo tipo de adornos para el pelo, perfumes búlgaros y de los países cercanos. Los perfumes o aceites búlgaros eran famosos y muy deliciosos, hechos de rosas de la rosoba dolina, un lugar donde se cultivaban rosas para ese efecto. Los perfumes de sprays también eran famosos. El aceite de ricino también se compraba mucho. Una cosa era muy notoria en Bulgaria, y muy abundante: el vino y la vodka rusa. Todos los estudiantes tenían vino en sus apartamentos. Era costumbre de invitar a un poco de vino a alguien cuando llegaba de visita. A veces las visitas eran frecuentes, especialmente durante el primer año, y las fiestas eran frecuentes. Mi primer año de preparatoria fué mas que todo relacionada con griegos, pues todos los compañeros de clase, eran griegos, a excepción de uno, que era palestino, Asaad. Estudiábamos de siete a siete y media de la mañana, hasta horas de la noche, bien extensivamente, varias horas de búlgaro, historia de Bulgaria, política, gramática, filosofía y yo llevaba una clase de arte. Teníamos la primera pochibka (descanso) a las diez de la mañana, momento en que todos se iban a tomar té, pues había una cafetería en el mismo edificio, que se llenaba a capacidad. Muchos estudiantes desayunaban aquí. Muchas veces yo invité estudiantes a tomar té conmigo en mi cuarto, a la hora de la pochibka. Compraba mucho él te de hojas de uvas de Armenia y otro tipo de te soviético, pues era sabroso. Teníamos en el dormitorio, una tetera donde hacíamos té y también hervíamos papas. Una tarde, Sonia, mi compañera de cuarto puso a hervir unas papas, retiró las papas y no botó el agua. Al siguiente día, de mañana, yo calenté el té como solía hacer, y lo llevé abajo a la clase donde lo serví al grupo, incluyendo mis dos maestros. Algunos se lo tomaron. Cuando regresé después de la clase a lavar la tetera, ví con asombro de que había cascaras de papa en la tetera, así de que comprendí que le había ofrecido agua de papas y tierra a la clase, en vez de té; por supuesto no se lo dije. Mis compañeros de clase eran todos unos caballeros, muy educados, corteses, alegres y dedicados. Cuatro eran varones, y Andonis especialmente era notorio por su físico y excelente carácter. Andonis era integrante de la organización comunista KKE y siempre estaba hablando de política conmigo, Andonis era muy inteligente. Andonis me invitaba cada vez que su organización tenía actividades especiales, inclusive me invitaba a participar con ellos. Una vez recité un poema enfrente de una audiencia de griegos enorme, y recuerdo de que esa misma noche tenía que asistir a una fiesta al mismo tiempo con los búlgaros de mi clase, así de que al mismo tiempo de que terminé de decir el poema, me marché a la segunda actividad. Recuerdo las veces que visité a Andonis en el bloque donde vivía el; Status y Costas. La ensalada de papas griegas fritas en aceite de olivo, eran una novedad. Solo los griegos sabían así freír las papas y hacer la ensalada griega a gusto. Me gustaba mucho conversar con Andonis y pensé que terminaríamos siendo novios, pero la verdad es que solo hablábamos de política. Nunca pasó nada entre nosotros. Fuí a muchas fiestas de los griegos, recuerdo a Statis y Andonis y a Kostas bailando "Zirtaky" agarrados de las manos y dando vueltas y golpe de pie en el piso. Statis particularmente recitaba la canción de Mikis theodorakis cuando fué a Nicaragua, el poema de Fernando Cardenal: "Levántate y mira la montaña"

Para saber de donde viene el sol, tu que escuchas el curso de los ríos y sabes el tiempo que debe ser mañana,

Líbrame del miedo que nos domina, aquí en la tierra,

Danos tu lucha y tu valor, al combatir,

Libre como el viento la voz de la montaña, Quema como el fuego, la voz de mi fusil.

Amén, amén.

Durante mi primer año de estudios me conocí con Eleni, una griega magnífica de quien me hice amiga. Eleni era espontánea, amable, habladora, Eleni era blanca, pelo al estilo de liz Taylor en sus años de juventud, siempre lo llevaba suelto, Eleni siempre llevaba bufanda, que resaltaba sus ojos azules, y tenía Eleni una voz casi ronca, bien timbrada. Fuí cada estación a pasar vacaciones a la casa de Eleni, en su casa de Atenas. Recuerdo los momentos agradables que pasé con Eleni andando por todas las calles de Atenas, en sus muchas reuniones con sus amigos y amigas del partido. Fuimos un sinnúmero de veces a los cafés en las calles, que eran toda una novedad. Parakalo, ena kafeneio, ena nerakis, ena portokalada. Las calles al regreso eran o para abajo a de subida, aquellos balcones con sus cortinas de seda y sus flores relucían a la luz de la luna. La voz de Eleni y su novio Maquis, eran el eco de toda la calle. Hablábamos de política y problemas sociales. En Atenas fuimos a varios lugares, incluyendo el Partenón, el museo de arqueología, la casa de Platón, el museo de Zeus, el restaurante de Acrópolis. El viaje a Pireas donde vivía Statis fue postpuesto debido a las cosas que acontecieron el día que a Eleni le robaron la cartera del bolso mientras íbamos por la calle de Atenas. Andaba en esa ocasión el dinero que iba a utilizar para casarse. Llegamos a un lugar donde Eleni ordenó unos jugos naturales y a la hora de pagar, vió que su carterita faltaba. Andaba Eleni un bolso que yo le regalé, típico del Ecuador, pero completamente abierto del cuello, así que fue muy fácil para el ladrón que le robó. Ese bolso me lo había dado una ecuatoriana, que no logró terminar su primer año de estudios, pues su vida fué truncada, debido a prematura muerte, se dice, suicidio, pero en verdad, nunca se supo. Irene fué también, mi amiga. Ese día tuvimos que caminar mucho, ir a la estación de policía, ir a donde estaba el hermano de Eleni, Siros, y de allí, a pie a la casa. No fuimos a ningún otro lugar esa semana. Esa era mi penúltima vacación en Grecia, y había trabajado el verano y parte del otoño para estar allí. Recuerdo cuando fuí de compras al zum para comprar las cosas que llevé. Había trabajado por dos meses en una fábrica de cosméticos y almacenado mucho shampo y cremas y desodorantes que regalé a cuanta persona conocía. El Kombinat "aroma" hacía una cremas de miel y limón muy deliciosas, también hacía shampoo, tintes, cremas para las manos y cara, cremas de afeitar, lápices de labio. Las personas que trabajaban allí tenían closets llenos de productos que se llevaban a casa libre de cargo. En casa de Eleni, Patrula, su mamá, me recibía y me trataba como a una reina. Me llevaba el desayuno a la cama, en bandeja, y era: pan tostado con miel y mantequilla, jugo de naranja, café con leche. El café griego se servía a cada hora y Eleni, fumaba a la vez que tomaba café. En una ocasión me prepararon cama en la sala, pues Eleni también se quedó esa ocasión en casa conmigo. En el Segundo viaje y subsecuente, dormimos en su cuarto, allí Eleni se quedaba en un sleeping bag en el piso pues hablábamos parte de la noche. En el cuarto de Eleni había un balcón lleno de flores. La casa de Eleni, estaba en un segundo piso y para llegar, había que subir escalones por una parte lateral. La casa de Eleni se conectaba con la de su tía, hermana de patrulla, que también estaba en un segundo piso. Recuerdo la pulcritud y espacio de aquellas casas. Recuerdo el bullicio de la calle cuando los niños jugaban. Ena, Dio trio, tésera, Penta. Tzelis? Patrula era una experta en la cocina, aquellos tomates rellenos y ensalada de papas no faltaba. La sala de la casa de Eleni era muy acogedora. Había cortinas tipo teatro rojo carmesí y seda blanca de forro. Eleni tenía fotos mías en su biblioteca, en la sala de su casa. En la ante sala había un aparador lleno de cosas de vidrio. Creo que le llevé en uno de mis penúltimos viajes, un set de cerámicas búlgaras de tomar vino. En ese viaje aproveché para comprar muchas cerámicas. Eleni tenía en muy alta estima mi amistad. Eleni era un líder de mucha calidad. Eleni tenía su apartamento propio donde vivía con Maquis.

Y a ti dos kotos ya ti

Por qué mataron a García Lorca?-fue uno de los records que escuché mientras estuve en casa de Eleni, de O Metikos.

Eleni se vestía como todas las Europeas modernas: con suéter, chal o pañuelo de seda alrededor del cuello, sin amarrar, abrigo de chaqueta de piel, su pelo iba siempre suelto, se maquillaba levemente, realzando sus hermosos ojos azules como el cielo ateniano. Por supuesto, ella usaba botas de cuero o suede, como todas las europeas. Eleni compraba sus zapatos en Grecia, y su mismo papá se los hacía, pues según me enteré, él era zapatero fino, solo que no hacía botas. Los colores que se usaban entonces eran: negro, café, azul obscuro y gris. Púrpura o azul se combinaba con cualquiera de ellos. Los abrigos eran casi siempre de estos colores. Yo había llevado abrigos de mi país, pues mi hermano cuando viajaba, y mi papá nos llevó, así que llegué a Bulgaria llevando mis abrigos, y casi no los usé todos pues compré en Bulgaria también. Los abrigos en Bulgaria eran caros, así de que no pude comprarme el típico abrigo europeo con pelo de ardilla en el cuello, pero había mucho abrigo de tela impermeable y muy liviano, de los países vecinos, como Hungría, Checoslovaquia, especialmente Yugoslavia, que se vendía mucho. Los mejores eran de La Unión Soviética, de piel, de Bulgaria, de piel o cuero, y de Turquía, de lana autentica, pero en esa época valían de 200 a 400 levas, dos veces más la cantidad suplementaria que nos daba el gobierno al mes para vivir. Yo tenía dos abrigos negros, uno de chaqueta de cordero fino, forrado y otro largo de gamuza por fuera, pero solo satín de forro. Los otros dos abrigos, eran uno beige, corto, de zipper, con forro de satín, que usé mucho, pero no era caliente del todo. El otro era uno que casi no usé, era de color mostaza, forrado, largo, de fibra muy fina. Había comprado abrigos en Sofía, el primer año de mi estadía allí, cuando Dian me llevó a conocer las tiendas, sugirió que comprara un abrigo de otoño, y uno de invierno. El abrigo de otoño era verde tierno, tailored, muy elegante, pero que casi no usé, pues prefería la chaqueta corta, con suéter y pantalones. El otro era un abrigo de lana sintética por fuera, y forro de lana por dentro, y su capucha, que usé casi de rigor a diario cuando el invierno era intenso. El color nunca me gustó, pero fue lo que Dian me escogió en mi primer año en Bulgaria. Tenía más abrigos que zapatos. Para otoño y primavera, usaba todo tipo de chaquetas livianas, que vendían en Bulgaria. Solamente durante el verano, de día, era que no se usaba chaqueta, excepto a la caída de la noche cuando los vientos de las montañas enfriaban la ciudad, y la inmensa vegetación. Bulgaria tenía un toque particular: el clima de los pirineos y la vegetación de montaña muy abundante. Pero Sofía era una ciudad moderna de muchos edificios altos, de 10 a 20 pisos por doquier y de otoño a invierno solamente nieve, hielo y frio se percibía por doquier. Primavera significaba rosas, en abundancia y mucha venta de productos crudos vegetales verdes, que la gente compraba al por mayor. Zelenchutzi, era el nombre donde se vendían las hierbas frescas y productos como repollo, que los búlgaros compraban mucho en primavera, ya que hacían una conserva de repollo ácido, que se comía con queso y era muy delicioso y apreciado, también los tomates los compotaban y los hacían en una pasta viscosa que se comía sobre pan y se llamaba, liutenitza, de tomate picado y era delicioso con pan y queso de oveja y carnes. Otro producto que se compraba mucho para esta época era chiltomas verdes y rojas, además las uvas y manzanas eran siempre existentes. Las cerezas y los duraznos llegaban para el verano y otoño. Bananos y naranjas eran un afrodisíaco que llegaba para invierno, exportado de Ecuador y las líneas para comprar este producto eran enormes. En general la comida búlgara cra una novedad y al mismo tiempo deliciosa. Aprendimos al mismo tiempo a probar las comidas de países adriáticos por medio de los estudiantes de diferentes nacionalidades que vivian en los edificios donde vivíamos. Como solo estudié con griegos y dos palestinos, los griegos eran predominantes con su cultura y sus diversas invitaciones. Los griegos constantemente cocinaban y sus papas griegas con ensalada griega eran siempre presentes, muy delicioso por cierto. Ya cuando iba a Grecia a la casa de Eleni, su mamá preparaba tomates rellenos para mí así como de otras comidas muy saludables. La comida griega era muy apetitosa. Disfrutaba sobre todo del yogurt con miel. Otro plato delicioso era el de quebachitos de carne en palillo o kebabs en tortilla con crema. Los búlgaros tenían un platillo extraño pero bien bueno: "quícelo mliako", que consistía de leche procesada como leche agria pero bien espesa y se comía con pepino molido, esto era una bebida muy popular, y la otra era "boza", que era una bebida de trigo fermentado y era muy nutritiva y popular. Otra cosa popular en Bulgaria era "cacha" o comida de harina en polvo que se hacia con queso, la otra comida popular era "vanitza", que era una especie de hornada de harina con queso en diferentes capas y olía y sabía muy bien. Entre las otras comidas populares y sabrosas estaban: "tomate azul "que era berenjena frita y servida con crema y queso de oveja, muy delicioso, también el "musaka", que era carne molida con papas y mucha grasa. Las otras carnes las hacían en una especie de grasa gruesa, que no era espesa, y le ponían repollo, papas y sabía muy bien, usualmente era carne de cordero, en resumidas cuentas, los búlgaros brillaban cuando hacían reuniones y había celebraciones que tenían que ver con lo político o patriótico, hacían la comida en grandes ollas de barro, al estilo turco (Otomano) y si las celebraciones eran en ciudades turcas como Velico Turnovo, o Triabna, o Pleven, aquello era algo grandioso de observar. Las veces que fuimos de gira con el profesor Atanas Bojkov con la clase de Historia del Arte, visitamos los museos de Troya-Triabna y vimos toda la cerámica y demás exponentes, que fueron grandiosos, asimismo joyas del tiempo Otomano-turco. Cuando fuimos a la celebración de la casa de la montaña con la clase en un lugar prácticamente inaccessible guindo arriba, se nos recibió con comida tipica búlgara tambien, especialmente kasha y kebabs y otras conservas búlgaras. Cuando fuí a la casa Bulgarski Judollnik con la profesora Kamenova y su esposo, nos hospedamos en la casa Bulgarski Judollnik, una reliquia en artesanía Búlgara del tiempo Turco-otomano. El techo de aquella estancia estaba empotrado con derboresba y adornos tallados en una madera clara, que sobresalía con las cortinas blancas de seda, la regla de aquellos lugares fríos. Toda la pared estaba adornada con platos búlgaros y vitrinas llenas de reliquias de cerámica Bulgara. Las paredes y sofás estaban cubiertos de tapestrie búlgaro, sobresaliendo el rojo y los zigzags en otros colores. El lugar alrededor era bien pintoresco, sin importar el frio que era colosal. Turnovo estaba en una montaña bien alta, entendiendo así la causa que los turcos otomanos la erigieron para poder ver cuando los oponentes se acercaban. Las calzadas eran de piedra, y solamente las calles modernas para transporte urbano eran de pavimento. Recuerdo todo lo que caminamos cuesta arriba a horas de la madrugada cuando llegamos a Turnovo, un viaje muy intenso desde Sofía y pesado. La peculiaridad de Turnovo era que no había agua a toda hora, y no había agua caliente. Los turcos no usaban baños, así de que solo las instalaciones modernas tenían baños. La casa de Bulgarski Judojnik tenía baños que nadie usaba pues solo había agua helada y no creo que nadie se fuera a bañar con el frio que se refugiaba en aquel lugar que ni nos quitábamos la ropa. Yo dormí con todo y abrigo y en adición, con una cocinilla eléctrica prendida alrededor y despertándome a cada rato para estar segura que no había agarrado fuego la alfombra o las colchas.

El desayuno en Turnovo fue lo mismo que se comería en Sofía: pan con salami y mantequilla, queso y té. En Sofía generalmente se tomaba té, pan jalea o Kifla. A la hora del descanso se comía pan con queso derretido al estilo español y esto olía muy bien desde lejos. Él té era una norma y el queso que se vendía por norma era de marca Kashkabal, tipo queso parmesano en bloque duro. Generalmente los intelectuales tomaban café. Las cafeterías universitarias vendían café, té y coca cola. La coca cola que se ofrecía era la británica y un tipo de soda de la marca Schewbs que sabía bien. Bulgaria a pesar de ser el país socialista de línea apegada a la unión soviética tenía un gran intercambio con los otros países socialistas aledaños y con Polonia y los otros países cercanos que hacían comercio intercambio de comodidades y por ello, la ropa era bien influenciada de países europeos como Italia, Alemania socialista, Checoslovaquia, Yugoslavia y Grecia. Con los países árabes no había nexo ni intercambio, solamente apoyo cultural para los países de línea izquierda como Palestina, Kurdistan, Kazakidstan, Azerbadjan, Laos, Vietnam, Korea del Norte, Cuba, Nicaragua, Libia, Tunisia. De Polonia los cristales eran maravillosos y los trabajos en plata. De la Unión soviética los trabajos de plata en servicios para té, perfumes y abrigos de pieles de tigre y otros animales. De Checoslovaquia, los zapatos y abrigos eran bien apreciados. De Turquía los abrigos de oveja y colchas de lana. También Hungaria y Yugoslavia tenían buenas marcas de zapato de mujer y abrigos. La billutería de países aledaños era muy buena, esto incluía perfumes, adornos para el pelo, broches, y todo tipo de cosa menuda de adornos. Los aceites búlgaros eran de especialidad, muy buenos y apreciados, producidos en Bulgaria, de la industria del valle de las rosas, un lugar donde solo se cultivaban las rosas para todo tipo de perfumería y aceites que se importaban de calidad, especialmente los soviéticos y de Yugoslavia y países aledaños. Había también mercancía Italiana y de Turquía, especialmente telas y sedas de todo tipo. Las botas de la Unión soviética eran muy finas, recuerdo la bota de tobillo que compre con cierre de cremallera a los lados, y tacón, muy preciosas. Las búlgaras y soviéticas eran expertas en botas altas, durante toda estación, especialmente en invierno. Generalmente se usaba un abrigo largo, y bota con medias de nylon, así que el pie y pantorrilla quedaban al descubierto y esto se miraba elegante. Solamente los extranjeros parecían ratones escondidos durante invierno, pues el chal, suéters, gorros y pantalones debajo del abrigo, así como de botas y calcetines gruesos hacían de que se mirara esto desasonante, si uno no se sabía vestir adecuadamente, se miraba ridículo. Recuerdo cuando iba a la clase con pijamas debajo del abrigo y en cierta ocasión se me salía la pijama debajo del abrigo. Nadie sabía que uno andaba en pijama pues eran tantos trapos debajo del cuerpo. Bañarse era todo un trabajo. De allí existe la expresión "baño ruso" pues el baño ruso, me dí cuenta cuando pasamos por el aeropuerto de Moscú, donde había una vasija en el baño y toallas de papel para limpiarse o lavarse la cara. Los baños al estilo turco, eran con agua caliente saliendo del piso o vapor, y esto era una práctica hasta el día de hoy, excepto que las urbes ya no practican esto, pues las viviendas modernas tienen baños y parnos y agua caliente todo el tiempo, pero las ciudades rurales carecen de estos servicios y no tienen ni baños ni plomería. Generalmente los búlgaros no se bañaban durante el invierno y debido al gran consumo de ajos y grasa durante el invierno para almacenar energías durante la dureza del invierno, el olor en las axilas se hacia insoportable cuando la persona no se bañaba y el olor en la boca debido al consumo de ajo que se filtraba de los gruesos abrigos. Los latinos nos bañábamos a menudo, generalmente de noche cuando no había que salir pues una vez que uno se mojaba el pelo no podía salir con una gorra afuera con el frio del invierno, pues se enfermaba y nadie quería estar con resfrío durante el invierno. Era muy precioso estar afuera cuando nevaba, los colores de las luces se reflejaban en las cosas. A veces cuando había tormentas de nieve era toda una hazaña salir o montarse en un bus. No sé como los choferes manejaban ante estas circunstancias. Era difícil llegar a las paradas cuando la nieve se acumulaba, difícil llegar a los edificios estudiantiles pues se formaban unos retenes de hielo a los lados y pistas de patinaje donde uno caminaba. A pesar de esto, no me caí más que un par de veces en todo lo que recuerdo. Las búlgaras caminaban con botas y eran expertas en esto. Recuerdo que alivio era el llegar a la vivienda de uno después de un largo día de estudio y otras peripecias, sobre todo en invierno cuando el peso y rutina de aquella vestimenta que añadía al cansancio, y después los libros, lo hacía a uno sentirse en lo comfortable de la calefacción. Era toda una odisea el estar afuera, sin embargo me fascinaba estar afuera en invierno ya que la vista era fascinante. Cabe señalar que en aquellos edificios de muchos pisos continuamente se subía y se bajaba, y ciertos edificios como el del bloque Lenin donde viví el primer año, no tenía elevador por ser un edificio antiguo, aunque estaba en el corazón de Sofía, el boulevard Lenin, en un área de tiendas modernas y cafeterías. El edificio de los artistas tampoco tenía elevador, y allí vivi un tiempo después del bloque tres, le seguía este, que tenía número 0cho creo. Este edificio fue muy particular pues vivi allí rodeada de ciertos estudiantes de la academia, los laosianos, la ecuatoriana de quien he hablado, unas búlgaras de mala muerte de mala conciencia y todos los otros estudiantes de música. Los laosianos eran muy buena gente y siempre estuvieron dispuestos a ayudarme. Los laosianos eran muy buenos a la pintura, y en una ocasión cuando tuvimos que presentar un trabajo de una pintura grande, ellos le metieron mano a mi trabajo. A veces pintábamos juntos por placer paisajes, recuerdo cuando hicimos esto. Yo no era tan buena como ellos. Tampoco fuí diestra con el dibujo. Vivía también en ese edificio con nosotros la pequeña Elena, con quien yo estudiaba en la academia. Elena era de verdad bien pequeña y tenía el pelo de una medusa, bien tupido y en todas direcciones, y una expresión muy propia al hablar o sonreir. Todos le decian "malkata", que en español es: la pequeña. Muchas veces Elena llegó a quedarse a estudiar conmigo en mi cuarto pues yo vivía sola y tenía dos camas disponibles. Elena terminó casándose con un indú, que estudiaba cine y tuvo dos hijos mientras estudiaba, a raíz de esto, se alejó del circulo nuestro y se unió al círculo de los griegos y colombianos. No pude ver a la pequeña cuando me encontrara en mi problema, porque aunque ella vivía en el mismo edificio que la Búlgara con la que me hice muy allegada (otra compañera de estudios) Luva se había marchado a Marruecos con su esposo y no mantuvimos ningún contacto, hasta de que ella regresó para volver a marcharse de nuevo. Antes de esto pasaba yo muchas veces por el bloque donde ella vivía cuando iba en camino al diez, y desde la ventana llamaba a Luva, entonces ella salía en carrera e íbamos a pasear por los alrededores de la clínica, donde el panorama era excelente para sentarse a platicar y disfrutar el aroma de los altos arboles cargados de aquel aroma de flores de manzanilla, llamado chaika o laika. Hacíamos té de ello. Había en aquel residencial un cine, una discoteca, una clínica grande y completa con especialidades, un restaurante estudiantil donde todos comíamos, una tienda de verduras y frutas y otras cosas que no recuerdo. No recuerdo que había en el edificio aledaño de los estudiantes de medicina, ni en el de los estudiantes de aspirantura, donde iba a veces cuando visitaba a mi amigo sirio, Ziad, quien me invitó a veces a comer, comidas que preparaba él para la ocasión, con música de Julio Iglesias. Había en el bloque aledaño un edificio donde vivían griegos y allí también vivía un congolés que me hostigó por cierto tiempo, Gastón. Gastón no se daba por vencido invitándome aquí y allá, pero nunca ganó. Fuí cierta vez con Gastón a un lugar que no recuerdo con otra amiga mía y recuerdo que se tornó aquel viaje una pesadilla porque todo nos salió mal y caminamos, y no había bus despúes y nos alojamos en un hotel, etc. Viajé muchas veces dentro de Sofía y mis viajes a Plobdiv fueron siempre de placer para visitar a los estudiantes de medicina. Particularmente recuerdo a Loyda, una nicaragüense bien dócil de palabra y también alegre. Loyda fué la que nos recibió cuando llegamos a Sofía y nos informó de todo lo que sabía y de como vivir en Sofía. Loyda nos presentó a Dian, el búlgaro que nos ayudó en aquel primer año, y fatalmente se enamoró de mí. Dian fué muy bueno con nosotros en aquel primer año, llevándonos aquí y allá, por todo el centro de Sofía, a todas partes como pudo. Dian me llevó hasta su casa recuerdo y allí nos preparó cena, a mí y a mi compañera de cuarto, la tica con la que él me puso para que me acompañara. Desafortunadamente nada pasó entre nosotros y él se retiró de nuestro círculo cuando vió que aquello no iba para ninguna parte. De aquella temporada recuerdo la música del grupo Abba pues estaba de moda y a él le gustaba.

El primer año en Sofía fue un año lleno de actividades sociales al por mayor, visitas a muchos lugares y muchas nuevas caras. Aquello fué todo un descubrimiento. Fué un año muy intenso y también muy lleno de nostalgia pues extrañábamos nuestras familias con más intensidad.

Plobdiv era una ciudad muy interesante hablando de architectura, ya que su centro era antiguo con las viviendas pintorescas al estilo turco Otomano, y sus calles empedradas guindo arriba o guindo abajo. Había sin embargo apartamentos modernos y recuerdo tuvimos fiesta en uno de estos lugares en casa de una tica, y había allí un balcón como en todos los apartamentos búlgaros modernos. Muchos de los edificios modernos no eran pintados por fuera, creo que lo hacían para ahorrar dinero, pero por dentro eran todo un acontecimiento, muy bien arreglado y amueblado. (Los de la gente que conocí y visité) pero había también gente viviendo en pobreza, gente sin preferencia de clase o partidaria, porque la gente del partido vivía por sobre la norma y como me relacioné con gente intelectual, que tenían privilegios. Los del partido, vivian a cuerpo de rey.

Había también una oportunidad para los ciudadanos de la capital de Sofía, de poder tener acceso a las viviendas nuevas modernas con todo tipo de comodidades o acceso a ellas como lavadoras y secadoras modernas, pues recuerdo a la enfermera Beck que agarró una de ellas, un apartamento en un vecindario nuevo y accesible, solo que no recuerdo si lo hizo con recomendaciones o no. Beck se había enredado con un estudiante quien era uno de mis mejores amigos, y compañero de clases: Andonis. Recuerdo los problemas que esta situación creara, primero por ser Andonis un muchacho de circulo predilecto de nuestras dos maestras, y por ser Andonis inteligente, educado y bien parecido. A mí me dolió mucho pues no había perdido la esperanza y con esto quedaba todo concluido. Beck salió embarazada de Andonis y hasta quiso hacerle problemas en la embajada. Recuerdo la vez que Beck llegó a visitarme a la clínica, y también mis dos maestras, la tensión entre ambas partes. Las maestras estaban dolidas por Andonis y muy enojadas con la búlgara. Beck tuvo a su hijo, quien creció sin el apoyo y reconocimiento de su padre mientras vivía en Sofía. Después Andonis se casó con una búlgara, a quienes fuí a visitar para los comienzos de mi problema, después no supe más de ellos. Andonis fué un verdadero galán, y siempre estaba hablando acaloradamente de la política de su país, era un gran admirador del gobierno Sandinista. Andonis era un activista de la organización griega KKE y a veces me invitaban a sus actividades y fiestas. Los griegos tenían una peculiaridad: a mediados de la fiesta empezaban a bailar Zirtaki, joining hands y después quebrando vidrio, bailando alrededor. En una ocasión una de las muchachas que vivía en el bloque tres del boulevard Lenin se cortó un pie debido a esto. Recuerdo que me pidió ayuda para proporcionarle vendajes.

El primer año de mi estadia en Sofía conocí a Vladimir, por medio del grupo de estudiantes de medicina que nos recibió, y cuyo líder, Loyda, era una persona alegre, sociable y cariñosa conmigo. Vladimir era estudiante de medicina, y de pronto yo le gusté y terminamos siendo novios. Vladimir me visitaba cuando vivía en el bloque tres del Bulevar Lenin, cerca del Pliska. Vladimir era bien serio, y decididamente bien determinado a ser el mejor estudiante. Vladimir rompió el record de los estudiantes extranjeros latinos, sacando siempre las mejores notas. Vladimir se encerraba a estudiar y ni comía, por ello ganándose el título apodo de [faquir]. Algunas veces fuí con Vladimir al cine del bloque trece y al de la esquina cerca de la universidad Kliman Ojridski, cerca de la academia donde yo estudiaba. Vladimir era bien organizado y limpio. Una vez recuerdo llegó con una grabadora y música de Michael Jackson y Los Beatles. Creo que prefería no comer para comprarse algo, era bien sacrificado. Recuerdo la vez que llegó a visitarme y yo me fuí a una fiesta y él se quedó estudiando en mi cuarto, entonces yo me llevé su pantalón para asegurarme que allí estaría cuando yo regresara, dejando el pantalón en la portería. Vladimir era de hablar muy suave y sus acciones eran premeditadas. No hablaba si no tenía nada que decir y nunca dijo algo fuera de tono o fuera de sentido o mal dicho. Si se enojaba, apretaba la mandíbula y no hablaba. Prefería guardar silencio. Vladimir tenía una mirada penetrante y ojos de águila, es decir él hablaba con la vista. Tenía una sonrisa coqueta y una manera liviana de ser. Siempre pensé que llegaría muy lejos y así fué. Me separé de Vladimir pues él vivía inmerso en sus estudios y creo que era lo único que le importaba, considerando esto como frialdad, aunque hubiera preferido no perderlo, pero mi agitada vida social y los muchos amigos que yo tenía se impusieron. Vladimir fué un amigo verdadero y fué el único que me visitó y trató de ayudarme cuando todos otros se disiparon como la niebla. Le recuerdo yendo conmigo en aquella noche fatídica de invierno cuando iba yo en busca del agregado de la comisión que se alojaba en un hotel de Sofía que me fué revelado de un contacto secreto en la embajada, y yo estuve allí hasta la media noche esperando que aparecieran pues se iban al día siguiente. Vladimir se apareció para ir conmigo. Por supuesto la entrevista fue boicoteada y monopolizada y fuí engañada, pues me prometieron que la embajada estaba trabajando en el caso y ellos sabían que iba a ser en mi beneficio.

Fuí engañada y deportada de todas maneras.

Cristina

Conocí a Cristina de la misma manera que conocí a Vladimir. Creo que Cristina viajó en el mismo grupo que nosotros a Bulgaria cuando salimos de Nicaragua. Cristina era alegre, alborotada, de fácil reír, muy inocente, y era además de baja estatura y llevaba siempre el pelo corto. Cristina llegó muchas veces a mi staia y hasta se quedó allí por temporada de verano e invierno. La metódica era que entraba por la portería como todo mundo y a las nueve de la noche, se salía para tomar su pasaporte y para meterse por la ventana. Vladimir hacía esto también. Cuando tenían suerte, el portero se desapercibía y se metían colados, o el portero que simpatizaba conmigo los dejaba entrar. Algunos porteros me querían mucho y yo siempre platicaba con ellos. Había sin embargo sus cuantas limonadas allí. Cristina logró meterse por la ventana aun andando embarazada y recuerdo que yo le decía, cuidado Cristina, pone bien el pie, pues el hielo de las nevadas hacía que un resbalón fuera fácil. Recuerdo las botas que ella usaba. Cristina era bien pobre y yo le proporcionaba a veces cosas, en esa ocasión ella andaba mis botas rojas insuladas. Asimismo Cristina no logró terminar su educación y fue regresada luego que fracasara en su carrera y le tocara trabajar, asimismo se fué embarazada y eso que ya había perdido un hijo, desgraciadamente no se casó con el hombre que le rompió el corazón. Ya había anteriormente quedado embarazada y perdió a su hijo debido al trabajo de la brigada de verano y el olor a los pesticidas. Recuerdo el verano que Cristina llegó a mi cuarto, y la ví venir en el caminito desde lejos llegaba gritando: estaba de luto y se había muerto su mamá. En esa ocasión estaba yo trabajando en una fábrica donde nos cambiaban el turno semanalmente y cuando estaba de mañana tendría que levantarme a las cuatro de la mañana para poder estar allí a las seis y media, luego de tomar buses, tranvía y trolei. Era toda una hazaña que adelante relataré. Tenía entonces que descansar temprano o no podía levantarme, en esta temporada, suspendí toda visita después de cierta hora, me disponía a descansar. Solamente asistía a las reuniones de los nigerianos dos cuartos después del mismo en el mismo piso donde íbamos a comer y ver videos musicales. En esa época la música de Madonna, Michael Jackson Cindy Lauper estaba de moda y los nigerianos la ponían a todo meter recuerdo en cuanto entraba al bloque se oía el ruido de la música al que a nadie parecía molestarle. Jacob terminó enamorándose de mí y por eso me invitaba a comer, yo siempre iba con alguien. Pobre Cristina, espero que haya podido salir delante de nuevo en Nicaragua. Nunca supe más de ella.

Sonia, mi compañera de cuarto.

Sonia fué de la misma época de estudiantes que llegamos a Sofía aunque viajó desde Costa Rica, esa temporada estaba en el mismo edificio del bloque tres, como se uniera ella a nuestro grupo de nicas, y simpatizara ella conmigo, el búlgaro traductor del grupo la unió a nosotros y la acercó a mí para que fuéramos compañeras de cuarto. El comienzo fué bonito y variado, pero Sonia no compartió todas las actividades en que yo andaba pues eran muchas y ella terminó uniéndose con los ticos, y después cambió de carrera y se mudó del bloque tres a otro bloque donde se quedó. Sonia tampoco logró terminar su carrera y tuvo que parar y trabajar, terminó yéndose a costa Rica y nunca más supe de ella, hasta que la encontré en el internet. Con Sonia viví muchas anécdotas y aventuras y algunos viajes que hicimos a Plovdiv para fin de año. Sonia era alegre, animada, un poco huraña y aniñada. A Sonia le molestaba mucho el frio de las nieves y siempre se encerraba en su cama con todas sus ropas calientes y no quería salir de ella. Suerteramente teníamos las clases en el mismo edificio y solo bajábamos dos pisos al comienzo del primer año, pero para fonéticas de inglés había que ir y caminar ciertas distancias para ir al otro instituto. A Sonia no le fué muy bien con la maestra búlgara que tuvo y eso la deprimía.

Recuerdo que la inconveniencia de vivir en el bloque tres era que la tienda de la comida o magazine, quedaba a cierta distancia a pie, tomar el bus no ayudaba, y caminábamos aquel sendero blanco por la nieve bajo aquel frio para ir a comprar comestibles. Comprábamos leche, mermelada o confitieur, mantequilla, pan, café para desayunar y como siempre había frio, el café con leche y pan con jalea y mantequilla era sabrosa con el pan fresco. Las frutas y verduras las comprábamos en el centro de distribución al otro lado de la calle pasando el subterráneo, un montón de gradas abajo y después gradas arriba. La distribución de vegetales frescos era todo un suceso, la gente se alineaba desde antes que abrieran, ansiosos para llevar lo mejor. Todo se vendía por kilos. Raras veces compramos carne pues era cara. Generalmente se usaba la carne de oveja, la de res era rara y cara. Se consumía el queso de oveja y me acostumbré rápido, y se tomaba mucho kicelo mliako, una especie de leche culturizada o agria que venía en dispositivos de plástico grandes. La dieta era fuerte en ensaladas y el pepino era el rey de todo, se tomaba con kicelo mliako y era una bebida refrescante.

Mientras viví con Sonia en el apartamento del bloque tres, la afluencia de amistades fué tremenda, todos los días teníamos visitas, mayormente varones, creo que además de amigos que no tenían que hacer, otros querían matar el tiempo o su tristeza pues el estar lejos de la familia a veces contribuía a que uno buscara escapes a través de las amistades o reuniéndose con otros. A mi cuarto llegaban ciertos muchachos, uno de ellos terminó siendo novio de Sonia, el otro novio mio. Mientras viví en el bloque tres, Dian el traductor del grupo a quien yo le gustaba, nos invitaba a muchos lugares a Sonia y a mí, y a veces iba con Loyda, nos llevó por todo el centro de Sofía, conocimos todo lo que tenía Sofía de interesante y además por nuestra cuenta y por otras amistades íbamos a las provincias y pueblos. Fué así como conocí lo mejor de Bulgaria en el tiempo que estuve allá.

Fué así como fuimos a Plobdiv para fin de año con los estudiantes de medicina que se mudaron allá.

El invierno estaba en su apogeo. Recuerdo celebramos en el apartamento de una tica y después nos quedamos a dormir en el edificio de los estudiantes. El edificio de los estudiantes era grande, pero todo quedaba en el mismo edificio. Los estudiantes tenían dos cafeterías en el primer piso y su propia comidería. Los cuartos eran más compactos y bien limpios. Loyda tenía su cuarto bien organizado. Los cuartos eran para dos estudiantes, no como en Sofía, tres debían compartir un cuarto, La única ocasión que viví con alguien fué con Sonia en el bloque tres y después cuando me mudé al bloque de los artistas u ocho que me tocó compartir con una checa, cosa que odié. El resto de los años viví sola y eso fué un gran privilegio. Viajé a Plobdiv en otras ocasiones con otros estudiantes pero ida y vuelta solo una noche de estadía allá.

Irene: Conocí a Irene mientras vivía en el bloque tres una noche en que no había nadie habitando el piso en que yo vivía excepto un yemení y uno que otro peruano en el piso de arriba, vino un agregado búlgaro responsable de ponerla en su nueva vivienda o staia, el que la fué a recibir al aeropuerto, me la llevó para que yo le tradujera, y ella, presa del miedo y el horror de ver aquel basurero y las cucarachas, llegó gritando, pidiéndome si podía quedarse en mi cuarto. Esa noche le expliqué ciertas cosas. Ella dejó sus maletas en el cuarto que le asignaron y se fué para mi cuarto, llegaba a bañarse conmigo pues tenía temor de aquel piso inhabitado. Irene me decía ñañitas y eso significaba cariño. Llevé a Irene a comprar sus ropas de invierno al Zum, como hacíamos los estudiantes nuevos, había que comprarse abrigos, media, suertes, pijamas, botas, medias, gorros, mis chalecos, etc. Irene era casi como una niña y muy ingenua. Irene se encontró un novio después un muchacho Iraní que era un poco machista creo. Irene tenía una dote especial su voz, era cantante de ópera que venía al conservatorio y cuando cantaba se transformaba en otra, su rostro se iluminaba, su sonrisa asomaba su rostro y su voz era angelical. Recuerdo cuando me mudé al edificio de los artistas después del primer año, que ella también fué trasladada allá, y vivía un piso arriba del mio, entonces llegaba a menudo, con su guitarra y en esa época yo estaba algo triste así de que ella me cantaba la canción La flor de la canela.

Era increíble la dote que ella tenía. Pero a pesar de ello, tuvo mala suerte desde el principio como tuvo una maestra búlgara que era racista y la acusó de algo que ella no hizo, así de que su mala suerte comenzó allí. Irene estuvo en dificultades tremendas que culminaron con su vida acortada, y un buen día, la noticia de su muerte. Irene fué acusada de haber robado algo de una de las búlgaras con las que compartía cuarto, pero yo sé que eso no fué cierto pues ella había traído oro, buenos abrigos y buenas cosas de su patria, además era muy moralista y respetuosa. Irene me pidió que la acompañara a la policía a declarar en su favor y no pude ir, así de que ella me imploraba ese día al pie de mi cama que fuera con ella y yo no pude, acababa de salir de la clínica por una intervención delicada, en pleno invierno y la nevada era inclemente, no podía salir. No pude ayudarle y esto me afectó después de su muerte. Fuí a buscarla a su cuarto del bloque ocho donde se quedó para ver que necesitaba pues me buscó varias veces pero no dejó nota, y esa tarde que pasé, fué el día que encontraron su cadáver en el piso en frente del edifico, fué tirada desde la ventana del cuarto o sexto piso, y los pisos en Bulgaria eran bien altos Nunca se supo nada al respecto, nadie me preguntó nada ni me llamaron a declarar. Si fue víctima de un chantaje orquestrado por las búlgaras o si fué víctima de robo y asalto, no se supo jamás debido a la censura existente en Sofía en aquel tiempo. Su cadáver fué cremado y le enviaron las cenizas a su mamá junto con sus cosas, no sé si habrá recuperado todo lo que ella llevó! Qué manera horrible de terminar la vida! en un país extraño lejos de su patria después de ser la victima de mal trato y acusaciones falsas. Espero haya sido vindicada y su alma descanse en paz.

Y recuerden que…. Del puente a la alameda menudo pie la lleva por la vereda que se estremece al ritmo de su cadera…. recogía la brisa que a su paso llevaba, aromas de mixtura que en el pecho llevaba….

Irene me regaló varias cosas como artefactos de artesanía, una cartera sombrero que di a mi amiga Eleni mientras en Atenas, Grecia, y el día que la llevó, caminando por las calles en el centro de Atenas, íbamos rumbo a hacer gestiones relacionadas con su próximo casamiento y así, paramos en una heladería a comprar refrescos y cuando había que pagar, no había dinero y ella pensando que yo le estaba jugando una broma me dijo: Mariche, estas bromeando verdad! !Tienes la billetera para asustarme! Entonces comprendimos que nos habían robado. Todo el dinero que andaba allí era para casarse, y dinero para gastarlo a los lugares donde iríamos mientras yo estuviera allí. Una experiencia inolvidable, como nos tocó caminar camino arriba por todo Atenas ya que no teníamos dinero ni para agarrar un bus y hubo que ir a la policía a poner el aviso del robo. Que dia! Y así fueron los siguientes, no pudimos hacer todo lo que estaba programado. Había regresado yo de Sofía donde había trabajado casi todo el verano para poder financiar mi viaje y llevar regalos a Eleni y a su mami y estaba muy cansada.

ASAAD

Conocí a Assad durante el primer año del ICHC mientras recibíamos clases de búlgaro e historia en el bloque tres del bulevar Lenin y durante ese tiempo hizo todo lo posible para agradarme, pero siempre fué relevado por mi preferencia por los griegos. Durante mi primer año en la clínica fué que fuí hospitalizada en la clínica Gornavania donde me operaron la pierna, y entonces me fijé mas en Assaad ya que él siempre se salía de clases para ir a verme hasta Gorma Bania y así le recuerdo el día anterior a mi operación, el día que me dieron de alta, se lo disputó con el peruano para ir a traerme. Assaad era alto, delgado pero musculoso y tenía un afro. Sus ojos eran claros, su boca pequeña, hablaba rápido y tenia un carácter efervescente cuando se enojaba. Assaad era palestino o israelita eso no lo entendí bien, solo sé que era del partido de oposición de la OLP y siempre estaba ocupado con cosas de la organización. Más adelante me hice de novia de Assad pero no por mucho tiempo. Después me habría de convencer de que detrás de su coraza de león había un corazón tierno. El nombre Assaad significaba león. Asaad se casó en Sofía con una búlgara, antes de terminar sus estudios.

Diana Purvanova

Me conocí con esta búlgara también el primer año cuando vivía en el bloque tres del bulevar Lenin, creo que estaba ella enredada con un nicaragüense al que ella buscaba pero él no le paraba mucha atención Me hice amiga de Diana quien me invitó a su casa a la que fuí con otras estudiantes. Diana trabajaba en el palacio de la cultura y había estudiado arte dramático en la Unión Soviética. De sus pasadas experiencias poco agradables le quedaron huellas y por ello hablaba constantemente de los hombres. A pesar de que era ella una persona de nivel intelectual Diana se esmeraba en atenderme bien y me hacía sopas de verano, algo muy sabroso. Diana era alta y tenía el cabello castaño o se lo teñía. Hablaba con gracia y siempre enfatizaba con mucho estilo la importancia de lo que uno hacía y de la cultura. Diana vivía con su hijo adolescente y se quejaba de ciertas dificultades de la vida. Para Diana los hombres no eran diferentes de los animales.

No pude despedirme de Diana y de relatarle la situación en que me encontraba, aunque me la encontré en el centro de Sofía mientras andaba haciendo gestiones y nos sentamos en la cafetería de Cristal. No le relaté lo que me ocurría en detalle. En ese entonces ella había encontrado un novio; estaba entusiasmada y se iba a casar con un pianista soviético. No sé si se iría a la Unión Soviética o no. Recuerdo las veces que fuí a visitarla al fin de año y siempre brindábamos con vino o licor ruso. También leíamos el café por medio de una miga de Turquía, a quien visitaríamos luego el grupo de estudiantes de la academia.

Las búlgaras de mi clase eran: Margarita, Mila, Mira, Donatela y Luva:

Margarita era alta, fornida, blanca, rubia, de cabello espeso y liso, ojos verdes. Margarita hablaba bajito como con miedo y era bien callada. Nunca le ví opinión alguna y cuando habían pleitos políticos en la clase, nunca tomó parte con nadie. Mila, era alta, delgada, y de procedencia de familia partidaria, su padre era alguien con influencia en el gobierno, era entonces bien privilegiada y se miraba en su manera de vestir, era Mila bien refinada y casi no hablaba, se vestía siempre con abrigos largos negros al estilo soviético y llevaba siempre botas altas al igual que Mira y Donatela, excepto que Donatela era más flexible o moderna diría yo. Mira era delgada, con un sexto sentido y andaba siempre con Margarita y Donatela. Donatela era bien presumida y hacía edad con malkata Elena y yo. Malkata Elena: la grieguita a como eso significaba en búlgaro era de verdad de pequeña estatura y su pelo era algo así como una medusa, bien crespo, bien tupido, bien escultado, era pues blanca y ojos pardos. Malkata era algo ingenua y le gustaban las discusiones políticas. Malkata iba a estudiar a mi cuarto antes de casarse porque cundo se casó tuvo dos hijos, uno después del otro y se le hacía todo más difícil, entonces se dedicó a los griegos y colombianos solamente. Creo que ella terminó la carrera más tarde que nadie. Recuerdo le dejé varios de mis vestidos antes que ella fuera mamá, cuando estaba delgada. Uno de sus hijos se llamó Orestes, del otro no supe. A veces nos encontrábamos en la benkovska donde alquilaba Eleni mi otra amiga, con quien fui a Grecia y de quien me hice amiga. Fué debido a estos lazos y a esta amistad que más adelante comenzara y se desatara mi problema con la asociación sandinista de Bulgaria en Sofía como no pudieron comprender que mis amistades eran todas europeas y entonces era pecado tener amigos del bloque capitalista. Incongruentemente Eleni era militante del partido comunista, KKE y yo misma atendí a reuniones y marchas con ella durante mi estadía en Atenas. EXO, bazis y amerikanis, gritaban los estudiantes. Caminamos más de una milla en aquella ocasión por las calles de Atenas. También caminábamos por las noches cuando Eleni venía de sus reuniones con su esposo y ya no había transporte, caminábamos. Platicábamos de todo asunto político en Nicaragua, Bulgaria Grecia. Que si Papa Andreu, que si los sandinistas, que si Fidel, que si libro, etc…

En esa época podía entender lo que los griegos hablaban, ya que siempre discutían en griego durante las clases. Andonis llegó a gustarme mucho pues nos sentábamos juntos en la clase y siempre hablábamos de política, además sus modales eran finos. Cuando estuve hospitalizada en Gornavania él fué frecuente en visitarme y me llevaba chocolates de Bulgaria, Lokumi de Grecia. Más tarde Andonis se enredó con una búlgara que vivía en el bloque donde vivían ellos, Beck a quien conocí también y era algo quisquillosa. Becky tuvo un hijo que le atribuyó a Andonis y nunca supe en que pararía esta historia, aunque visité a Beck en su casa después que nació su hijo y creció hasta año y algo, pero era pequeño para saber si era de Andonis o no, seguramente lo era. Andonis se casó después con una búlgara y creo les fuí a visitar al bloque 8 cuando comenzaba mi problema y no recuerdo si les relaté lo que ocurria. Una vez en Palm Beach County cuando todavía me escribía con Eleni, me pidió que me fuera que ellos me pagarían el pasaje, pero yo les dije que estaba cansada de rodar para todos lados. (No sabiendo que apenas empezaba a rodar en los EEUU).

Zarco, Peter y Strájil: los varones búlgaros del grupo eran estos, una vez en la carrera de Historiadores del arte. Zarco era altísimo, como de 7 pies, delgado, pelo largo y usaba una pava. Se vestía estrafalario como un hippie o un vikingo, sin importarle como se mirara. Llevaba una carterita diminuta de cuero colgada en el cuello y no recuerdo haberle visto con gorro durante el invierno. Zarco era miembro del Konsomol y defendía el socialismo a capa y espada, fué por ello que las discusiones políticas que sosteníamos en el estudio de escultura giraban en torno a él y su enojo cuando se atacaba el socialismo. Zarko era también un cínico y este aspecto de su personalidad un poco sarcástico hacía que se suscitaran discusiones que terminaban en pleitos. Zarko tenía padres que tenían lazos diplomáticos con Italia y él había vivido y estudiado en Italia cuando pequeño. Zarco hablaba sandeces de vez en cuando y siempre que nos reuníamos en críticas en galerías de museos yo salía a atacar su opinión en primera fila, aunque no sabía ni lo que decía, ni porqué, simplemente quería atacarlo.

Peter: amigo de Zarco. Peter era alto, bien parecido, y de más edad que todos. Peter era pintor y rentaba un techo en un edificio donde no tenía ni parno ni agua fría, no sé cómo pudo vivir así el pobre Peter. Nosotros vivíamos mejor que él. Peter ella callado, reservado y sincero. Por su manera de ser deduzco era de familia humilde y de alguna manera hacía un gran sacrificio por estar en Sofía estudiando. Peter andaba siempre con el mismo abrigo como muchos de nosotros y el junto a Zarco se hicieron los preferidos del profesor Bojkov. Solo que Zarco era un traidor, no sé si se habrá dado cuenta de ello. Peter llegaba a visitarme de cuando en cuando. No sé si iba en calidad de espía o qué pero era un buen muchacho muy callado. Tengo la impresión que tenía sus pecados escondidos y de que tomaba licor para olvidar algo o para mantenerse caliente el pobre. Recuerdo la ocasión que fuímos a una fiesta donde Zarco para celebrar el final del curso y salimos tan tarde que ya se habían terminado las rutas y nos hemos ido a pie hasta donde alquilaba Peter y nos hemos quedado en su cama la otra muchacha, Peter y yo. Todos en la misma cama y hacía un frio de candanga y estábamos todos desvelados. Supe de Peter muchos años atrás me escribió y me mandó música que le pedí, después no supe más de él. Espero este bien y haya superado cualquiera haya sido su situación.

Nena: Me conocí con Nena una vez viviendo en el edificio de los estudiantes de arquitectura, el bloque 34. Nena y su amiga Gisela andaban siempre juntas. Gisela tenía 19 años y Nena creo igual. O tal vez veinte. Nos hicimos amigas ya que ellas estaban constantemente en mi cuarto. Gisela se deprimía y creo que no le asentaba estar fuera de su país. Con Nena vivimos muchas aventuras y viajes. Fué con ella que fuimos a la fiesta de los búlgaros y dormimos en la cama con Peter. También nos habíamos apuntado a estudiar inglés en el centro de Sofía en el instituto "Slaveikob", en medio del invierno. Por supuesto que todas ellas se retiraron y solo seguí yo. Recuerdo que hacía mucho frio y nevaba copiosamente cuando salíamos de noche a la clase. También nos reunimos a jugar la ouija ciertas noches en que no había que hacer. No sé si habrá sido maldición o coincidencia pero todas las que nos reuníamos allí tuvimos un desenlace non grato y ninguna logró terminar su carrera. A Gisela se le murió su novio el día que fué a despedir a un amigo que iba para Turquía o Alemania, se dice que le robaron y lo tiraron en las vías del tren. Me causó esto conmoción pues este muchacho, Bashir era bien joven, y anteriormente me había dejado sus pertenencias en mi cuarto, no sé por qué motivo. Él iba frecuentemente a mi cuarto a verse con una noviecita que se encontró después de

Gisela, y se quedaba en mi cuarto. Creo que la pobre Gisela no pudo superar esto. Nena no logró terminar su carrera no sé porqué y se regresó a Nicaragua. El novio de Nena era bien apuesto, simpático y siempre estaba viajando, ellos hacían una excelente pareja. Eran además, bien dados al baile. Recuerdo el cumpleaños que celebré en mi cuarto y fué muy bonito. Llegaron Peter, Zarco, mi amiga Liuva, Nena y su novio, era al mismo tiempo la despedida de Nena antes de regresarse a Nicaragua. No sospechaba apenas que yo correría el mismo destino pero sería en mi caso diferente pues a mí me perseguirían y me botarían de la academia y el estipendio. Me iría en el anonimato.

Strajil era de procedencia de una familia culta con historia de viajes a Francia. Strajil se añadió ya tarde a la carrera y no sé por qué pero el profesor Bojkov lo detestaba y lo humillaba públicamente, igual que lo hacía con Liuva.

Liuva: Liuva fué mi favorita y Liuva vivía un bloque al frente donde yo vivía, el bloque camino a la clínica, donde vivía malkata Eleni. Liuva era para mí alguien en quien podía confiar. Liuva por sus pensamientos anti socialistas tenía desventajas en la academia donde el 90% era o pertenecía a algo comunista. Liuva no simpatizaba con el sistema y sufría mucho. Liuva era diestra en el arte de dibujo y colores y estaba casada con un músico de quien no sé sentía muy contenta y siempre estaba hablando de querer separarse de él. Su esposo me parecía un buen hombre, callado, pero no sé qué sucedía cuando ellos dos estaban solos. Liuva nos invitaba a comer y hacía comidas típicamente búlgaras. Hacia repollos al vinagre, tortas, etc. Cuando ella se iba de vacaciones a la provincia, nos dejaba comida y cosas. Liuva era tan buena. Cuando Liuva regresó de uno de sus viajes, pues ella y el esposo se fueron a Marroco, Liuva fué a testificar en mi favor cuando la que vivió en mi cuarto durante las vacaciones me acusara de un robo que no cometí, Liuva fué a la estación de policía a dar su cara por mí entonces me absolvieron. La peruana fué una amargada despechada que se llamaba Victoria y se había enojado conmigo a raíz del viaje que hicimos juntas a Grecia y como mi amiga estaba en la isla de Kefalonia ella no quería esperar y quería marcharse a Suecia y quería que yo fuera con ella, como me negué, me dió mi zarandeada en casa de mi amiga en Atenas y de allí todo se complicó. Decidí marcharme a Sofía, y para mi sorpresa, ella se marchó también para ir a denunciarme a la embajada que yo había tenido lazos ocultos con contrarrevolucionarios en Atenas. Esta es una acusación seria que no sé cómo se la inventó. Se la creyeron en la embajada donde había mucho chismoso.

Tan pronto regresé a Sofía, la embajada empezó a mandarme notas que me apareciera inmediatamente en la embajada. Comenzaron a molestarme, y no me dejaron en paz hasta que me regresaron a Nicaragua.

No relataré aquí los pormenores de este suceso ni tampoco de mi vida en este país pues eso es parte de otros dos libros separados, como relato específicamente todos los abusos de los que fuí objeto de parte de la embajada de Nicaragua mientras vivía en Sofía, que llevaron a mi destitución del sistema educativo, y suspensión del estipendio de sobrevivencia y de la vivienda estudiantil durante el Otoño y duró todo el invierno hasta concluir con mi deportación. Si me persiguieron, me hicieron la vida imposible, mintieron, me acusaron de algo que nunca cometí a raíz de eso salí del país, y tuve que comenzar de cero de nuevo. Me llevó muchos años comenzar una vida nueva y olvidarme o superar todo lo pasado. Hay cosas que aunque se dejan atrás, la memoria las guarda, asi el dolor vivido estuvo en mí por mucho tiempo, haciéndome vivir como un autómata. Pude sobreponerme a ello. Los pormenores de mi viaje a Mexico y estadía en Mexico también lo relato en "Noche Bulgara", donde narro paso a paso todo lo que viví, circumstancias que fueron cambiantes, hasta lograr pasar a los Estados Unidos después de la muerte de mi padre en Estados Unidos y después de no haber sido aceptada en Canadá para entrar con el programa de Naciones Unidas para los refugiados. Querido lector: hasta aquí llego con mis memorias. Espero esta lectura le haya sido agradable y de paso quiero darle gracias por haber estado conmigo en este camino. Le dejo con este pensamiento: Lo que está Ud. Haciendo hoy son sus memorias de mañana, lo que usted está transmitiendo a sus hijos y a todo el que se cruza en su camino o de alguna manera impacta su recorrido. Qué tipo de memorias está usted dejando por donde va pasando y qué clase de memoria quiere usted dejar? No es tarde si usted está leyendo, significa está usted vivo y mientras viva, hay esperanza.

Pido a Dios que su camino sea ligero y sus memorias sean buenas, pido a Dios que mientras pueda, piense en ello. Bien lo dice la frase: **"El arte es para siempre, la vida es breve"**.

Dejo estas memorias con el verso de Eclesiastés donde dice:

"Acuérdate de tu creador en los días de tu juventud,
Antes de que vengan los años en que digas: no tengo
en ellos contentamiento". Antes que se oscurezca el
sol y la luna y los que miran por las ventanas,
Antes que florezca el madroño y el cielo no dé sus
aguas,
Antes que se quiebre el cántaro junto a la fuente y
tiemblen las columnas del que guarda la casa y se
encorvarán los hombres fuertes, y cesarán las muelas
porque han disminuido;
Y las hijas del canto serán abatidas,
Cuando habrá terrores en el camino y a las alturas,
Y la langosta será una carga, y se perderá el apetito;

Porque el hombre va a
su morada eterna y los endechadores
andarán alrededor por las calles;
Antes que la cadena de plata se quiebre,
y se rompa el cuenco de oro, y el cántaro
se quiebre junto a la fuente,
y la rueda sea rota sobre el pozo;

**Y el polvo vuelva a la tierra, como era,
y el espíritu vuelva a Dios que lo dió.**

Eclesiastés 12: 1-7

FIN

Vocabulario

Acrópolis=	antigua capital ateniana y sitio de monumentos.
Aeroflot=	línea de aviones soviéticos
Amerikanis=	Americanos
Batista=	dictador de Cuba antes que llegara Fidel Castro.
Candanga=	fuerte
Che Guevara=	líder revolucionario de Bolivia, amigo de Fidel Castro.
Checa=	de Checoslovaquia.
Compas=	sandinista en uniforme, generalmente joven.
Cruzada de alfabetización=	proyecto masivo de leer y escribir con trasfondo político.
Ena kafeneio=	un café
Ena nerakis=	un agua
Ena portokalada=	una naranjada
Endechar=	acechar.
Exo=	afuera
Gornavania=	baños calientes, lugar en las afueras de Sofía.

Hijas del canto=   la voz
Icap=   instituto cubano de amistad de los pueblos
ICHC=   instituto para estudiantes extranjeros.
Iraní=   de Irán
Kashkabal=   queso búlgaro.
KKE=   organización comunista de la juventud griega.
Kliman Ojridski=   Clément Ojridski.
Kombinat=   fabrica
Leva=   moneda búlgara
Lokumi=   dulce duro
Madroño=   árbol del trópico.
Magazín=   centro de compras
Malkata=   pequeña.
Manganosh=   hierbas aromáticas
Marroco=   marruecos en África.
Mila=   querida.
OLP=   organización palestina de resistencia.
Palm Beach county=   condado de Palm Beach.
Parakalo=   gracias
Parranda=   llanto y gritos
Partenón=   templo antiguo, ruinas
Pirineos=   cadena de montañas de Bulgaria y otros países aledaños.
Platón=   filosofo, griego.
Raúl Ferrer=   viceministro de educación de Cuba.
Revolución=   levantamiento en armas del año 79.
Rosoba dolina=   valle de las rosas

Sandeces=	tonterías.

Sandinista=	organización política para derrotar a Somoza

Sandino=	guerrillero líder del movimiento de guerrilla armada en contra de la intervención americana.

Schebws=	marca británica de soda.

Silvio Rodríguez=	cantante cubano.

Slaveikov=	boulevard en Sofía.

Sofía=	capital de Bulgaria, significa sabiduría.

Somoza=	dictador de la época de los setenta a 79, Nicaragua.

Trolei=	sistema de transporte activado por electricidad.

Turco-Otomano=	imperio que domino Europa Oriental por 500 años.

Turnovo=	antigua capital búlgara.

Tzelentchutzi=	vegetales

Y a ti dos kotos y a ti=	porque lo mataron?

Yemení=	de Yemen.

Zirtaki=	baile griego.

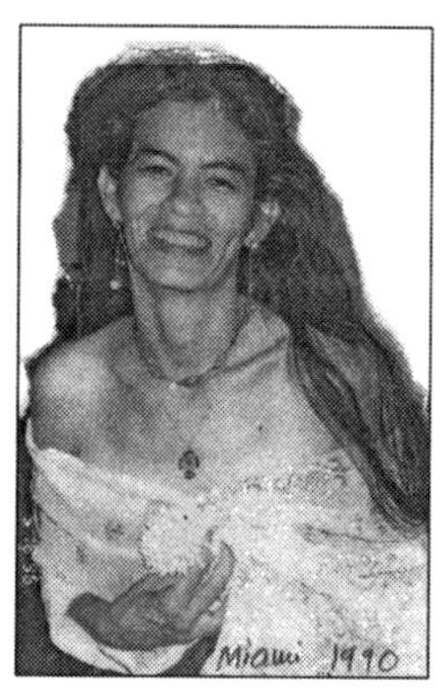

Nacida en Nicaragua, de padre y madre nicaragüenses, cursé estudios primarios en la ciudad de Estelí, educada en la Universidad nacional Autónoma Managua, Unan donde estudié Trabajo Social. En la Universidad me integré al movimiento estudiantil de protesta y clandestino. Fui presidenta de la asociación de la escuela de Trabajo social antes del triunfo de la revolución y después de ella. Estuve a cargo de la redacción y publicación del periódico de la escuela. Participé en movimientos de protesta como marchas y huelgas de hambre. Pasé a ocupar posición de liderazgo después del triunfo, formé parte de la Juventud sandinista y también me integré a actividades políticas en el barrio donde vivía. Trabajé como asistente docente en la universidad temporariamente. Me integré a la comisión que renovó el pensum académico de la carrera y despedimos el personal antiguo. Trabajé en un programa del ejército sandinista en calidad de profesional. Me integré a tiempo completo al programa da alfabetización nacional como asesor técnico de distrito. Viajé a Cuba, invitada por el viceministro de educación. En Cuba obtuve la primera prótesis artificial. Luego viajé a Bulgaria donde estudié Historia del arte. Fui con pasaporte especial a la academia de Bellas artes

Nikolai Paplovich. Una vez en Bulgaria las cosas se tornaron en mi contra por parte de la asociación y debido a la corrupción política de ciertos líderes en la embajada en Sofía, fui acusada de sostener actividades en contra del proceso revolucionario en Atenas y la embajada me castigó severamente. Fui destituida de mis derechos de estudiante cuando estaba por diplomarme, fui destituida de la academia, a pesar y en contra de la protesta del consejo académico búlgaro. La embajada se las ingenió para acusarme de todos modos y después de andar escondiéndome, sucumbí y fui deportada. Ya en mi país y luego de ser tratada rudamente y amenazada por parte del delegado del ministerio de educación extranjera, decidí salir del país y viaje a México donde permanecí un año. Fui negada el acceso a Canadá por un programa de Naciones Unidas debido a tener a mi padre residiendo en los Estados Unidos. Luego de cruzar todo México ingresé a los Estados Unidos ilegalmente. Actualmente resido en los Estados Unidos donde me casé y resido con mis dos hijos.